2021 年版

公民反恐防范手册

国家反恐怖工作领导小组办公室　编

中国人民公安大学出版社
·北京·

图书在版编目（CIP）数据

公民反恐防范手册 ：2021年版 / 国家反恐怖工作领导小组办公室编. -- 北京 ：中国人民公安大学出版社，2020.12
ISBN 978-7-5653-2841-1

Ⅰ. ①公… Ⅱ. ①国… Ⅲ. ①反恐怖活动—公民教育—手册 Ⅳ. ①D815.5-62

中国版本图书馆CIP数据核字（2020）第242192号

公民反恐防范手册（2021年版）
国家反恐怖工作领导小组办公室 编

出版发行：中国人民公安大学出版社
地　　址：北京市西城区木樨地南里甲1号
邮政编码：100038
印　　刷：天津盛辉印刷有限公司

版　　次：2020年12月第1版
印　　次：2025年12月第7次
印　　张：2.375
开　　本：889毫米×1194毫米　1/32
字　　数：52千字

书　　号：ISBN 978-7-5653-2841-1
定　　价：18.00 元

网　　址：www.cppsup.com.cn
电子邮箱：zbs@cppsup.com　zbs@cppsu.edu.cn

营销中心电话：010-83903991
读者俱乐部电话（门市）：010-83903257
警官读者俱乐部电话（网购、邮购）：010-83901775
公安业务分社电话：010-83906108

前　言

近年来，全球范围内的恐怖袭击事件此起彼伏，造成大量人员伤亡和财产损失。恐怖主义严重威胁世界和平与发展，成为全人类的公敌。面对恐怖主义，没有哪个国家能独善其身。建起防范恐怖袭击的铜墙铁壁，离不开每一位公民的支持和参与。

2015 年 7 月 1 日，《中华人民共和国国家安全法》正式颁布实施；2016 年 1 月 1 日，《中华人民共和国反恐怖主义法》正式颁布实施。为了帮助公民增进反恐意识，掌握防范技能，识别可疑行为，远离暴恐侵害，我们编写了《公民反恐防范手册（2021 年版）》，希望通过本书使公民了解国家法律规定，积极配合、参与反恐怖工作，共同维护我们的美好生活！

国家反恐怖工作领导小组办公室

二〇二〇年十二月

目　　录

一、预防恐怖活动基本知识

长期以来，恐怖主义以血腥的暴力活动为显著标志，在许多国家制造混乱，造成社会动荡不安。虽然实施恐怖活动的人只是极少的一小撮，但由于恐怖主义所具有的特性，使其所造成的危害远远大于普通刑事犯罪。

1. 什么是恐怖主义

恐怖主义，是指通过暴力、破坏、恐吓等手段，制造社会恐慌、危害公共安全、侵犯人身财产，或者胁迫国家机关、国际组织，以实现其政治、意识形态等目的的主张和行为。

2. 什么是恐怖活动

恐怖活动，是指恐怖主义性质的下列行为：

（1）组织、策划、准备实施、实施造成或者意图造成人员伤亡、重大财产损失、公共设施损坏、社会秩序混乱等严重社会危害的活动。

（2）宣扬恐怖主义，煽动实施恐怖活动，或者非法持有宣扬恐怖主义的物品，强制他人在公共场所穿戴宣扬恐怖主义的服饰、标志。

（3）组织、领导、参加恐怖活动组织。

（4）为恐怖活动组织、恐怖活动人员、实施恐怖活动或者恐怖活动培训提供帮助。

（5）其他恐怖活动。

3. 恐怖袭击方式有哪些

常见的恐怖袭击方式包括刀斧砍杀、驾车冲撞碾轧、纵火、爆炸、枪击、劫持、投放危险物质等。此外，恐怖分子有时还会通过利用网络、散布虚假恐怖信息等方式实施破坏活动。

非常规的恐怖袭击方式包括核与辐射恐怖袭击、生物恐怖袭击、化学恐怖袭击、网络恐怖袭击等方式实施破坏活动。

4. 恐怖袭击的手段有哪些

常规手段：

（1）袭击。

① 砍杀恐怖袭击：在人员密集场所使用刀斧砍杀无辜群众。

② 冲撞碾轧恐怖袭击：驾驶机动车冲撞碾轧无辜群众。

③ 纵火恐怖袭击：使用汽油、柴油等易燃物品对交通工具、建筑物实施纵火焚烧。

④ 爆炸恐怖袭击：炸弹爆炸、汽车炸弹爆炸、自杀性人体炸弹爆炸等。

⑤ 枪击恐怖袭击：手枪射击、制式步枪或冲锋枪射击等。

（2）劫持。劫持人以及劫持车辆、船、飞机等。

（3）破坏。纵火破坏及破坏电力、交通、通信、供气供水设施等。

非常规手段：

（1）核与辐射恐怖袭击。通过核爆炸或放射性物质的散布，造成环境污染或使人员受到辐射照射。

（2）生物恐怖袭击。利用有害生物或有害生物制品侵害人、农作物、家畜等，如发生在美国9·11事件以后的炭疽邮件事件。

（3）化学恐怖袭击。利用有毒、有害化学物质侵害人、或在城市重要基础设施、食品与饮用水等投放，如东京地铁沙林毒气袭击事件。

（4）网络恐怖袭击。利用网络散布恐怖信息、组织恐怖活动、攻击电脑程序和信息系统等。

5. 恐怖袭击的特点有哪些

（1）多针对无辜群众不加选择地实施袭击，妄图造成最大伤害。

（2）恐怖分子多会在袭击现场展示、散发、呼喊象征恐怖组织或恐怖主义思想的标识或口号。

（3）袭击方式多选择暴力手段，烈度大、破坏性强，极易对人的心理造成恐慌。

（4）常为多人共同作案。

二、共筑反恐防范安全防线

安全源于你我，反恐人人有责。日常生活中，进入车站、机场、影剧院等场所时的安全检查，购票乘坐交通工具、使用物流快递、租赁机动车、上网等场景的实名登记，都离不开广大人民群众的支持与配合。这些举手之劳的作用不可小看，它对全社会防范恐怖袭击具有重要意义，能够有效震慑阻止恐怖分子策划、准备及实施恐怖袭击活动。

1. 积极来安检，不要嫌麻烦

保障我们每个人的人身、财产安全，是安全检查工作的主要目的。通过安检，能及时发现人身、车辆、物品等是否携带或夹带枪支、弹药、管制刀具、易燃易爆、腐蚀性、放射性等危险物品，有效防止损害发生。

（1）需要进行安全检查的场所通常有哪些。

① 交通枢纽，如机场、火车站、地铁站、汽车站、码头等。

② 人员密集场所，如城市广场、影剧院、景区景点等。

③ 大型活动举办场所，如重要会议、体育赛事、展览、演出活动场所等。

④ 其他需要进行安检的场所。

（2）如何配合做好安全检查。

① 及时了解禁止携带的违禁品和管制物品种类。

② 充分预留安检时间，避免造成时间上的延误。

③ 积极配合，听从安检人员指挥，提高安检速度。

④ 遇有需要查验身份证件时，提前准备好相关证件，确保快速通过。

目前，常见的安检形式包括徒手检查和仪器检查。需要说明的是，仪器检查对人体、电子设备、食品等均无损害。

2. 依法实名制，保护你我他

在日常生活中，当我们乘飞机、住宾馆、上网吧、寄快递时，通常需要出示有效身份证件。实名制有利于加强社会管理、规范个体行为、打击违法犯罪，并在及时发现可疑、消除涉恐隐患方面，发挥着十分重要的作用。

（1）什么时候需要进行实名登记。

① 入住宾馆、酒店等。

② 邮寄物品。

③ 运输货物。

④ 购票乘坐长途汽车、飞机、高铁等公共交通工具。

⑤ 使用互联网、金融、电信、机动车租赁等服务。

⑥ 购买特定商品。

⑦ 其他。

(2) 实名登记需要注意哪些问题。

① 如实登记自己的实名身份信息。

② 妥善保管身份证件，不转借他人使用。

③ 遗失证件及时按规定报告。

3. 平日多练习，遇袭保平安

对我们大家来说，面对凶残的暴恐分子，这是一场不讲规则、没有底线，完全不对等的战斗。因此，一旦意识到身边可能发生暴恐事件，要首先确保自身安全，及时报警。

（1）掌握应急技能。

① 立即离开事发区域，不要围观、停留，不要贪恋财物，如无法逃避时，应利用地形、遮蔽物遮掩、躲藏。

② 保持镇静，不要惊恐喊叫，避免增加周围人的恐惧，引起更大的混乱和伤亡。

③ 在确保个人安全的情况下，及时报警、呼救和救助他人。

④ 逃离现场时应避免拥挤，以免因拥挤、踩踏受伤。

⑤ 如遇不明气体或液体，应迅速躲避，且用毛巾、衣物等捂住口鼻，做好防护措施。

（2）积极参与演练。

日常积极参加反恐应急演练，掌握必备的应急知识和技能，了解发生暴恐事件时应当采取的必要行动，加快反应速度，有效躲避危险。

三、自觉抵制恐怖主义思想

恐怖主义思想是恐怖活动的重要诱因。恐怖分子通过制作、发布音视频、散发非法宣传品等形式，千方百计地向群众传播恐怖主义思想，煽动实施恐怖活动，传授恐怖袭击方法。作为普通公民，我们要学会识别。

1. 恐怖主义思想传播途径有哪些

（1）含有恐怖组织宣扬暴力、煽动实施恐怖袭击、煽动破坏社会秩序内容的音视频、图片等。

（2）含有恐怖主义思想，鼓吹通过暴力解决问题等内容的传单、小册子等。

（3）宣扬恐怖主义的网络言论、公开言论等。

（4）代表恐怖组织、恐怖主义的标识、旗帜等。

（5）宣扬恐怖主义的非法讲经活动等。

2. 面对恐怖主义思想网络渗透应该怎么办

网络是恐怖主义思想传播的重要途径。我们在日常上网过程中发现疑似含有恐怖主义思想的宣传品、音视频时应当做到：

（1）及时停止观看。

（2）不在手机或电脑上下载、保存相关宣传品、音视频。

（3）不散布、不转发、不传看相关宣传品、音视频。

（4）对在网络公共空间传播的含有恐怖主义言论、图片、音视频等，不评论、不讨论。

（5）通过视频网站设立的“暴恐音视频举报专区”链接，或各类手机应用的违法举报入口进行举报。

四、正确识别、举报涉恐可疑情况

积极协助、配合有关部门开展反恐怖主义工作是每个公民应尽的法律义务。日常生活中发现恐怖活动嫌疑后，要及时向公安机关或有关部门报告。

1. 哪些人是可疑人员

（1）冒用他人身份证件或使用伪造的身份证件。

（2）言行异常，安全检查过程中不愿接受检查或者试图逃避检查。

（3）衣着反常，穿着很宽大的衣物或者腰部突出等。

（4）携带疑似管制刀具、易燃易爆等违禁物品。

（5）服饰、皮肤或所携带物品上有疑似与恐怖主义相关的标识图案。

（6）作息时间反常，住所内常传出异常声响、散发刺激性气味或出现大量火柴棍等非生活垃圾等。

（7）在标志性建筑、人员密集场所等地反复徘徊观察、打探安保情况等。

（8）试图获取炸药、武器等，或匿名、大量购买易燃易爆物品、危险化学品及管制刀具等。

（9）疑似公安机关通报的恐怖活动人员。

2. 哪些物品是可疑物品

（1）重要目标附近出现的无人认领或来历不明的物品。

（2）有意伪装或者藏匿的物品。

（3）可疑人员携带的与其身份不符的物品，如可能装有管制刀具、棍棒等物品的旅行包。

（4）随身携带藏匿、企图躲避安检的物品。

（5）散发如臭鸡蛋（黑火药）、氨水（硝铵炸药）等特殊气味的物品。

3. 如何识别可疑车辆

（1）状态异常。旧车无牌照或遮挡车牌、车窗门锁有撬压损坏痕迹、车体损伤异常、夜间停车长时间着车熄灯。

（2）停留异常。在禁止停车的水、电、气、热等重要设施附近以及繁华路口、转弯处停车。

（3）人员异常。乘车人员较多，神色惊慌、东张西望，见到有人接近则刻意躲避。

（4）行驶异常。在非机动车道区域快速行驶，行驶轨迹左右摇摆、忽快忽慢等异常行驶。

（5）物品异常。车内装载物品属于易燃易爆、易挥发、易腐蚀等危险品，大量管制刀具，物品包装异常等。

4. 如何识别可疑爆炸物

在不触动可疑物的前提下：

（1）看。由表及里、由近及远、由上到下无一遗漏地观察，识别、判断可疑物品或可疑部位有无暗藏的爆炸装置。

（2）听。在寂静的环境中用耳倾听是否有异常声响。

（3）嗅。如黑火药含有硫磺，会放出臭鸡蛋（硫化氢）味；自制硝铵炸药的硝酸铵会散发出明显的氨水味等。

5. 爆炸物可能放置在什么地方

（1）标志性建筑物。标志性建筑物或其附近的建筑物内外。

（2）重大活动场所。如举行大型运动会、检阅、演出、朝拜、展览等场所。

（3）人员密集场所。人口相对密集的场所，如体育场馆、影剧院、宾馆、运动员村、商场、超市、车站、机场、码头、学校等。

（4）公共娱乐场所。宾馆、饭店、洗浴中心、歌舞厅及其他易于隐蔽且闲杂人员容易进出的地点。

（5）其他易于接近场所。易于接近且能够实现其爆炸目的的地点。如医院、公园、风景名胜区等。

（6）各种交通工具。如汽车、火车、地铁等。

（7）其他日用品。行李、包裹、食品、手提包及各种日用品之中。

6. 发现可疑情况之后怎么办

（1）迅速远离。尽可能地远离可疑人员、可疑物品，确保自身安全；牢记可疑特征，如嫌疑人外貌、携带物品等，在保证安全的情况下，可用手机进行拍照记录。

（2）及时报警。向周围的执勤民警或到当地公安机关报警，或通过“110”报警电话、“12110”短信报警平台、公安机关微信公众平台以及投寄信件、发送电子邮件等方式报警。报警时要保持沉着冷静，尽量报告可疑情况的具体细节。

（3）报警内容。首先报告最重要的内容，包括地点、时间、发生什么事件、后果等。如砍杀事件，说清位置、嫌疑人人数、体貌特征、衣着打扮、伤亡人数等；如纵火事件，说清发生火灾地点，如哪个区、哪条路、哪路车、哪个住宅区、第几栋楼、几层楼，附近有无危险物等。

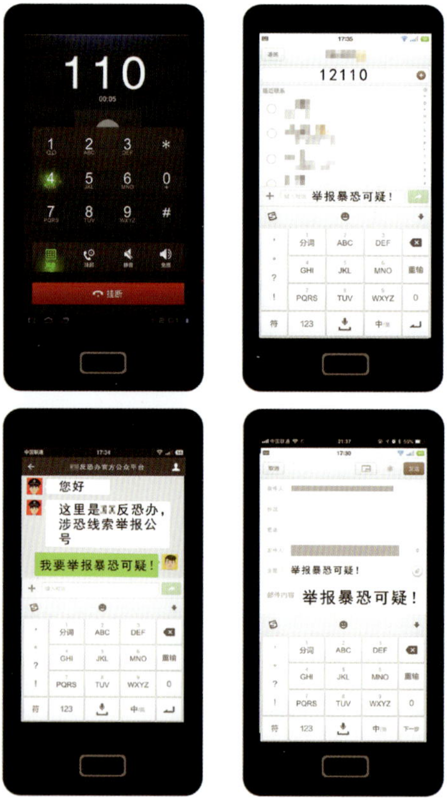

7. 举报有奖励，包庇要追责

公民发现并积极举报可疑线索的，经过核实后，公安机关将按有关规定予以奖励。同时，严格保密举报人的个人身份等信息，充分保障举报人的安全。

明知他人有恐怖活动犯罪行为，却窝藏、包庇的，将受到拘留、罚款等行政处罚，乃至追究刑事责任。

五、应对恐怖袭击办法

1. 遇到驾驶机动车冲撞碾轧恐怖袭击怎么办

（1）迅速躲避。看到有车辆冲撞碾轧过来，要迅速向两侧跑开，躲避冲撞碾轧车辆。

（2）及时报警。拨打 110 报警：什么时间、什么地点、什么车在冲撞碾轧人。

（3）自救互救。到达安全区后，及时检查是否受伤，发现受伤，及时实施自救互救。

（4）事后协助。积极向警察提供现场情况，协助警察调查。

2. 发现可疑爆炸物怎么办

（1）不要触动。

（2）及时报警。

（3）迅速撤离。疏散时，有序撤离，不要相互拥挤，以免发生踩踏造成伤亡。

（4）协助调查。目击者应尽量识记发现可疑物的时间、大小、位置、外观，有无人动过等情况，如有可能，进行照相或录像，为警方提供有价值的线索。

3. 遇有匿名威胁爆炸或扬言爆炸怎么办

（1）信："宁可信其有，不可信其无"，不能心存侥幸。

（2）快：尽快从"现场"撤离。

（3）细：细致观察周围发生的可疑人、事、物。

（4）报：迅速报警，让警方了解情况。

（5）记：用照相机或者摄像机等将"现场"记录下来。

4. 在地铁车厢内发生爆炸起火怎么办

（1）迅速报警。迅速按下列车报警按钮，使司机在监视器上获取报警信号，并拉下紧急制动，避免列车失控。

（2）及时灭火。利用车内的消防器材进行灭火，身上着火不要奔跑，就地打滚或用厚重衣物压灭。

（3）谨慎行动。在情况不明，列车还在运行期间，不要有拉制动、砸窗、跳车等行为；最好先保护头部，原地蹲下。

（4）有序撤离。在隧道内疏散时，听从指挥，沉着冷静、紧张有序地通过车头或车尾疏散门进入隧道，向临近车站撤离。

（5）科学防护。寻找简易防护物，如衣服、纸巾等捂鼻，采用弯腰姿势撤离。视线不清时手摸扶墙壁撤离。

（6）冷静判断。受到火势威胁时，不要盲目跟从人流相互拥挤、乱冲乱撞，要注意朝明亮处、迎着新鲜空气跑。

（7）协助调查。注意观察现场可疑人、可疑物，协助警方调查。

（8）熟悉环境。在平时乘坐地铁时要注意熟悉环境，留心地铁的消防设施和安全装置。

5. 在大型体育场馆发生爆炸怎么办

（1）有序撤离。迅速有序远离爆炸现场，避免拥挤、踩踏造成伤亡；撤离时要注意观察场馆内的安全疏散指示和标志；场内观众应按照场内疏散指示和标志从看台到疏散口再撤离到场馆外；场馆内部的组织官员、工作人员及运动员，应根据沿途的疏散指示和标志通过内部通道疏散。

（2）不要贪财。不要因顾及财物浪费逃生时间。

（3）谨慎行动。在情况不明时，不要扎堆，不要围观，不要向人流反向跑，先到空旷地带，再寻找同伴。

（4）自救互救。到达安全地带后，先检查自己和同伴是否受伤，及时进行自救互救；协助医护人员救治、搬运伤员。

（5）协助调查。客观详细地向警察描述看到的情况。

6. 在宾馆饭店商场集贸市场等人员密集场所发生爆炸怎么办

（1）迅速趴下。迅速趴下或就近隐蔽。就近寻找简易遮挡物护住身体重要部位和器官。

（2）寻找出口。判明情况，寻找安全出口。

（3）谨慎行动。注意避免进入餐厅等存有易燃易爆物品的危险地点，在情况不明时，不要使用打火机照明，防止燃气泄漏引发二次爆炸或大火。

（4）躲避踩踏。不要拥挤推搡，防止出现踩踏挤伤，一旦摔倒应设法让身体靠近墙根或其他支撑物体，防止被惊慌的人群踩踏。注意避开临时搭建的货架，避免因坍塌可能造成新的伤害。

（5）有序撤离。听从工作人员指挥，迅速有序撤离现场。

（6）自救互救。到达安全地带后，先检查自己和同伴是否受伤，及时进行自救互救；协助医护人员救治、搬运伤员。

（7）协助调查。客观详细地向警察描述看到的情况。

7. 遇到纵火恐怖袭击怎么办

（1）熟悉环境，暗记出口。在陌生的环境里，要留心疏散通道、安全出口及楼梯方位等，以便需要时能尽快逃离现场。

（2）扑灭小火，惠及他人。如果发现火势并不大，尚未对人造成很大威胁时，可用消防器材，如灭火器、消防栓等，奋力将小火控制、扑灭。

（3）明辨方向，迅速撤离。面对浓烟和烈火，要保持镇静，迅速判断危险地点和安全地点，决定逃生的办法，尽快撤离险地。

（4）不入险地，不恋财物。尽快撤离，不要把时间浪费在穿衣或寻找、搬离贵重物品上。已逃离险境的人员，切莫重返险地。

（5）简单防护，捂鼻匍匐。可用毛巾、口罩捂鼻，匍匐撤离。穿过烟火封锁区时，可向头部、身上浇冷水或用湿毛巾、湿棉被、湿毯子等将头和身体裹好，再冲出去。

（6）善用通道，莫入电梯。要根据情况选择进入相对较为安全的楼梯通道。

（7）火已及身，切勿惊跑。当身上衣服着火时，应当赶紧设法脱掉衣服或就地打滚，压灭火苗；及时跳进水中或让人向身上浇水。

（8）缓降逃生，滑绳自救。高层、多层公共建筑内一般都设有高空缓降器或救生绳，人员可以通过这些设施安全地离开危险楼层。也可以迅速利用身边的绳索或床单、窗帘、衣服等自制简易救生绳，并用水打湿从窗台或阳台沿绳缓滑到下面楼层或地面，安全逃生。

（9）逃避场所，固守待援。假如用手摸房门已感到烫手，应关紧迎火的门窗，打开背火的门窗，用湿毛巾、湿布塞堵门缝或用水浸湿棉被蒙上门窗；然后不停用水淋透房间，防止烟火渗入；固守在房内，直到救援人员到达。

（10）缓晃轻抛，寻求援助。应尽量待在阳台、窗口等易于被人发现和能避免烟火近身的地方。在白天，可以向窗外晃动鲜艳衣物，或外抛轻型晃眼的东西；在晚上，可以用手电筒不停地在窗口闪动或者敲击东西，及时发出有效的求救信号，引起救援者的注意。

8. 遇到纵火恐怖袭击“七忌”是什么

（1）忌惊慌失措。不可惊慌失措，不可盲目逃跑或者纵身跳楼。要保持冷静，尽快了解所处的环境位置、起火点、起火原因和火势大小，正确选择逃生方法和路线。

（2）忌盲目呼喊。现代建筑物燃烧时会散发出大量的烟雾和有毒气体，容易造成吸入毒气窒息死亡。可用湿毛巾捂鼻口，匍匐前进逃离，紧急时刻呼叫时也不能移开毛巾。

（3）忌留恋财物。不要为穿衣或取贵重物品浪费时间，更不要为入室拿物品而重返火海。

（4）忌乱开门窗。如房间充满烟雾，必须时，可打开门窗，排放烟雾后，应立即重新关闭好，防止长时间开窗致使外面大量浓烟涌入室内，能见度降低，高温和毒气充斥，无法藏身。

（5）忌乘坐电梯。一旦着火，电梯就会断电，可能将你困在电梯里，无法逃生。

（6）忌胡乱奔跑。随意奔跑，不仅容易引火烧身，还会引起新的燃烧点，造成火势蔓延。

（7）忌轻易跳楼。高层建筑上，在房间即使无法避难，也不要轻易做出跳楼的决定，此时可寻找安全位置，等待救援。

9. 在公共汽车上遇到纵火恐怖袭击怎么办

（1）呼救灭火。大声告知司机：着火啦！同时打开车门，用随车灭火器进行灭火。

（2）迅速下车。打开车门和逃生窗，顺序快速下车。

（3）自救互救。采取正确方法及时灭火，及时帮助他人扑灭身体衣物之火；协助医务人员救治、搬运伤员。

（4）协助调查。客观详细地向警察描述看到的情况。

10. 在列车上遇到纵火恐怖袭击怎么办

（1）报警灭火。及时报警，通知列车员，并迅速灭火。

（2）听从指挥。听从列车工作人员的指挥和广播指引，不要盲目拥挤，乱冲乱撞。

（3）迅速下车。等列车停稳后，打开车门，顺序快速下车，来不及从车门下车或火已封住车门时，要及时用坚硬的物品破窗逃生。

（4）自救互救。采取正确方法及时灭火，及时帮助他人扑灭身体衣物之火；协助医务人员救治、搬运伤员。

（5）协助调查。客观详细地向警察描述看到的情况。

11. 在客船上遇到纵火恐怖袭击怎么办

（1）沉着冷静不乱跑。不盲目跟人乱跑乱撞，赶快自救或呼救逃生。

（2）救生器材快找到。可向客船的前部、尾部和露天甲板逃离，必要时可利用救生绳、救生梯向水中或救援的船只上逃离，也可穿上救生衣跳进水中。

（3）走道被封快关门。如果火势蔓延，封住走道，来不及逃时可关闭房门，不让烟气、火焰侵入。情况紧急时，也可跳入水中。

（4）甲板露台好逃生。当客船前部某一楼层着火，还未燃烧到机舱时，应先迅速往主甲板、露天甲板逃离；然后，借助救生器材向水中和救援的船只上及岸上逃生。

（5）防止蔓延早提醒。当客船上某一客舱着火时，逃出后应随手将舱门关上，以防止火势蔓延，并提醒相邻客舱内的旅客赶快疏散；若火势已窜出封住舱内通道时，相邻房间的旅客应关闭靠内走廊房门，从通向左右船舷的舱门逃生。

（6）施放绳缆快快逃。当船上大火将直通露天的梯道封锁，可以到顶层施放缆绳，沿缆绳向下逃生。

12. 在地下商场中遇到纵火恐怖袭击怎么办

（1）迅速撤离。沉着冷静，识记方位。记住疏散通道和安全出口的位置；听从指挥，迅速撤离。向记住的安全出口方位迅速逃离到地面及其他安全区。

（2）边灭边逃。灭火与逃生相结合。把初起火势控制在最小范围内，采取一切可能的措施将其扑灭，如一时无法扑灭，应迅速逃离现场。

（3）弯腰捂口鼻。逃生时，尽量弯腰前进，不要做深呼吸，可能的情况下用湿衣服或毛巾捂住口和鼻子，防止烟雾进入呼吸道。

（4）关门阻火。万一疏散通道被火阻断，应尽量想办法延长生存时间，如可躲入房间，用水泼湿毛巾、衣服等，将门缝塞紧，等待消防队员前来救援。

13. 在高层建筑物中遇到纵火恐怖袭击怎么办

（1）沉着冷静。不能自乱方寸，乱跑乱撞。

（2）降温报警。开门前先触摸门锁，若门锁温度很高，应关闭房内所有门窗，用毛巾、被子等堵塞门缝，并泼水降温。同时，利用手机等通信工具报警。

（3）忌乘电梯。电梯往往因断电造成“卡壳”，电梯口直通大楼各层，火场上烟气涌入电梯并极易形成“烟囱效应”，在电梯里随时会被浓烟毒气熏呛而窒息。

（4）切勿钻躲。高层建筑物火灾中千万不可钻到床底下、衣橱内躲避火焰或烟雾，这些都是最危险的地方，又不易被发觉，难以及时获得营救。

（5）利用设施。在建筑物内，利用普通楼梯、观景楼梯进行逃生；利用阳台、通廊、安全绳等进行逃生；将房间内的床单或窗帘等物品连接起来进行逃生。

（6）听从广播。当某一楼层或某一部位火势已经蔓延时，不可盲目行动，应注意听火场消防人员广播和救援疏导信号，选择合适的逃生路线和方法。

14. 在公共娱乐场所遇到纵火恐怖袭击怎么办

（1）辨明安全出口方向。保持清醒，不受混乱人群影响，确定出口方向，迅速逃离。

（2）灵活选择逃生途径。如歌舞厅设在楼层底层，可直接从门和窗口跳出；若设在二楼，可抓住窗口往下滑；如设在高层楼房或地下建筑中，则应参照高层建筑或地下建筑的火灾逃生方法逃生。

（3）逃向弱火区等待救援。如果逃生通道被大火和浓烟封堵，又一时找不到辅助救生设施时，被困人员可暂时逃向火势较弱区间，向窗外发出救援信号，等待消防人员营救。

（4）注意防止浓烟中毒。可用水打湿衣服捂住口鼻，若一时找不到水，可用饮料代替；逃生过程中，应采用弯腰姿势行走，以减少烟气对人体的危害。

15. 当驾车经隧道遇到纵火恐怖袭击怎么办

当驾驶车辆在隧道里通过时发现前方有异常火光和烟雾，应当马上刹车观察，注意关好门窗。

（1）冷静寻找避难场所。隧道里设计有避难场所或安全通道，要找最近的避难场所避难或从最近的安全通道逃离火场。

（2）严禁在车里避难。隧道火灾中火势发展蔓延得很快，不要有侥幸心理，要立即下车逃离，避免不必要的损失和伤亡。

16. 在地铁车厢内遇到纵火恐怖袭击怎么办

（1）沉着冷静，及时报警。可以用自己的手机拨打119，也可以按列车车厢内的紧急报警按钮，条件允许时用车厢内灭火器自救。

（2）关闭厢门，防止蔓延。如果火势蔓延迅速，应尽快逃至相对安全的车厢，关闭车厢门，防止火势蔓延，赢得逃离时间。

（3）听从指挥，有序撤离。列车到站时，听从工作人员指挥，尽快有序撤离；如停电，可按照应急灯的指示标志有序逃生，注意要朝背离火源的方向逃生。

（4）破窗逃生，科学防护。若车门打不开，可利用身边的物品打破门窗。同时，将携带的衣物、纸巾浸湿，捂住口鼻，低身逃离；一旦身上着火，可就地打滚或请他人协助用厚重的衣物压灭火苗。

17. 被恐怖分子劫持怎么办

（1）沉着冷静。不要反抗，相信政府。

（2）服从命令。不对视，不对话，趴在地上，动作要缓慢。

（3）隐藏求救。尽可能保留和隐藏自己的通信工具，及时把手机调为静音，适时用短信等方式向警方（110）求救，短信主要内容：自己所在位置、人质人数、恐怖分子人数等。

（4）牢记情况。注意观察恐怖分子人数、头领，便于事后提供证言。

（5）配合解救。在警察发起突袭的瞬间，尽可能趴在地上，在警察掩护下脱离现场。

18. 遇到枪击时如何选择掩蔽物

（1）位置。掩蔽物最好处于自己与恐怖分子之间。

（2）质地。选择密度质地不易被穿透的掩蔽物。如墙体、立柱、大树干、汽车前部发动机及轮胎等；木门、铝制门、垃圾桶、灌木丛、花篮、柜台、场馆内座椅、汽车门和尾部等虽不能够挡住子弹，不能作为掩蔽体，但能够起到掩蔽作用，使恐怖分子在第一时间不能够发现你，为下一步逃生赢得时间。

（3）体积。选择能够挡住自己身体的掩蔽物。有些物体质地密度大，但体积过小，不足以完全挡住自己的身体，就起不到掩蔽目的，如路灯杆、小树干、消防栓等。

（4）形状。选择形状易于隐藏身体的掩蔽物。掩蔽体形状规则，就容易躲避子弹，隐藏身体，如立柱；不规则物体容易产生跳弹，掩蔽其后容易被跳弹伤及，如假山、观赏石等。

19. 在公交车上遇到枪击怎么办

（1）快速掩蔽。在公交车上遇到枪击时，迅速低头掩蔽于前排座椅后或蹲下、趴下，不要站立。

（2）及时报警。拨打 110 报警：几路车、哪一站、受到哪个方向的枪击、来自车外还是来自车内，是否有人受伤等。

（3）择机下车。在情况不明时，不要下车；确定枪击方向后，下车沿着枪击相反方向，利用车体做掩护快速撤离。

（4）自救互救。到达安全区域后，及时检查是否受伤，发现受伤或伤者，及时实施自救互救。

（5）事后协助。积极向警方提供现场情况，协助警察调查。

20. 在地铁上遇到枪击怎么办

（1）快速掩蔽。要快速蹲下，双手抱头，尽可能背靠车体，或者趴下，不要随意站起来走动。

（2）及时报警。通过每节车厢紧急报警按钮进行报警。

（3）快速撤离。判明情况后，快速撤离到较为安全的车厢内；等车到站后，迅速下车撤离，注意在车门和出站口避免拥挤，听从站台工作人员指挥，顺序撤出；如果车辆中途停在隧道内，不要急于破窗跳车，以免造成其他伤害。

（4）自救互救。到达安全区域后，检查是否受伤，发现受伤及时进行自救互救，等待救援。

（5）事后协助。向警察提供现场情况，协助警察调查。

21. 在大型商场遇到枪击怎么办

（1）快速掩蔽。在大型商场遇到枪击时，快速降低身体姿势，利用柜台和衣柜躲避，迅速向紧急出口撤离。来不及撤离就近趴下、蹲下或掩蔽于掩蔽物后，等待救援。

（2）及时报警。拨打 110 报警。

（3）检查伤情。实施自救和互救。

（4）事后协助。积极向警察提供现场情况，协助警察调查。

22. 在宾馆饭店娱乐场所遇到枪击怎么办

（1）快速掩蔽。要快速趴下或蹲下，掩蔽于桌子、沙发、吧台、立柱等下面或后面；在室内听到外面枪击声，不要出来观看，及时躲避在沙发后面或床侧面。不要躲避在门后或衣橱内。

（2）及时报警。拨打 110 或拨打饭店报警电话报警。

（3）检查伤情。自救互救。

（4）事后协助。积极向警察提供现场情况，协助警察调查。

23. 在什么情况下可能发生了化学恐怖袭击

（1）异常气味。如大蒜味、辛辣味、苦杏仁味等。

（2）异常现象。如大量昆虫死亡、异常的烟雾、植物的异常变化等。

（3）异常感觉。一般情况下当人受到化学毒剂或化学毒物的侵害后，会出现不同程度的不适感觉，如恶心、胸闷、惊厥、皮疹等。

（4）异常物品。如发现被遗弃的防毒面具或者桶、罐和装有液体的塑料袋等。

24. 遇到化学恐怖袭击怎么办

（1）判明情况。化学恐怖袭击多以空气为传播介质，使人在吸入有毒气体时中毒。常伴有异常的气味、异常的烟雾等现象。

（2）尽快掩避。利用环境设施和随身携带的物品遮掩身体和口鼻，避免或减少毒物的侵袭和吸入。

（3）寻找出口。远离污染源的方向，尽量朝与风向垂直的方向迅速有序地撤离。

（4）报警求救。可拨打 110、119、120 报警请求救助。

（5）自救互救。如误服了有毒物质，可采取催吐、洗胃等方法，加快毒物的排出。

（6）听从指挥。听从相关人员的指挥，配合相关部门做好后续工作。

25. 遇到核与辐射恐怖袭击怎么办

（1）判明情况。不要惊慌，进一步判明情况。

（2）有序撤离。尽快有序撤离到相对安全的地方，远离辐射源。

（3）及时防护。利用随身携带的物品遮掩口鼻，防止或减少放射性灰尘的吸入。

（4）报警求救。及时报警，请求救助。

（5）配合协助。听从相关人员的指挥，配合相关部门做好后续工作。

26. 在什么情况下可能发生了生物恐怖袭击

（1）事件区发现不明粉末或液体，被遗弃的容器和面具，发现大量的昆虫尸体。

（2）微生物恐怖袭击后 48 ～ 72 小时或毒素恐怖袭击几分钟至几小时，出现规模性的人员伤亡。

（3）在现场人员中出现大量相同的临床病例，在一个地理区域出现本来没有或极其罕见异常的疾病。

（4）在非流行区域发生异常流行病。

（5）患者沿着风向分布，同时出现大量动物病例等。

27. 遇到生物恐怖袭击怎么办

（1）判明情况。不要惊慌，尽量保持镇静，判明情况。

（2）及时防护。利用环境设施和随身携带的物品，遮掩身体和口鼻，避免或减少病原体的侵袭和吸入。

（3）远离污染源。尽快寻找出口，迅速有序地离开污染源或污染区域。

（4）报警求救。及时报警，请求救助。可拨打 110、119、120 报警、求助。

（5）服从安排。听从相关人员的指挥，不要回家或到人多的地方，以避免扩大病源污染，并配合相关部门做好后续工作。

28. 紧急撤离危险现场应注意什么

（1）保持镇静。判明所处位置，及时撤离。

（2）善选通道。不要使用电梯。

（3）迅速撤离。不要贪恋财物，重返危险境地。

（4）防护避险。用物品遮掩身体易受害部位和不靠近窗户玻璃，不要逆着人流前进，以避免被推倒在地，发生踩踏。

（5）紧抓固物，巧避藏身，溜边前行。拥挤时，如有可能，要抓住牢靠的东西，如楼梯扶手。暂时躲避，待人群过去后迅速离开现场。

29. 紧急情况下如何进行自救互救

（1）止血：

目的是降低血流速度，防止大量血液流失，导致休克昏迷。具体方法：

①先将伤者转移到安全或安静的地方，检查伤势，判断出血性质，观察是动脉出血、静脉出血，还是毛细血管出血；

②可直接用手指压在出血口上或出血的供血动脉上进行止血；

③对四肢受伤出血的，使用腰带、领带、证件带、粗布条、丝巾，也可将自己衣服撕成条状代替，在大臂上 1/3 处和大腿中间进行绑扎止血。

（2）固定：

对骨折、关节受伤的进行固定，目的是避免骨折端对人体造成新的伤害，同时可减轻疼痛并便于搬运抢救。具体方法：

①开放性伤口先包扎伤口再固定，不要送回刺出的骨折端；

②垫高或抬高受伤部分，以减慢流血及减少肿胀；

③对脊柱或怀疑有脊柱损伤

的不要移动；

④固定时必须将骨折端上下两个关节一起固定，如小腿骨折应将踝、膝两个关节固定。

（3）烧伤急救：

①用大量洁净的水清洗伤口，除非伤口烧黑、变白或太深；

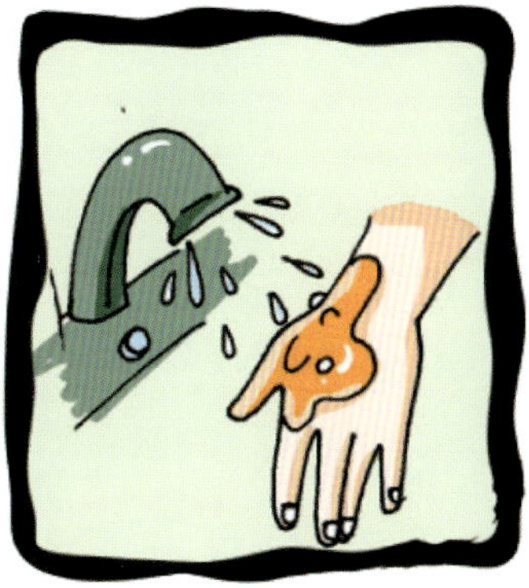

②不要直接用冰敷在伤口上；

③不要刺破水泡；

④轻轻除下戒指、手表、皮带或者紧身衣服；

⑤用干净、无黏性的布盖住伤口。

（4）休克急救：

①避免伤者过冷或过热，利用毛毯或大衣保暖；

②若无骨折，伤者双脚抬高30厘米左右；

③不要给伤者饮水或者喂食；

④留意伤者的清醒程度；

⑤向救护人员报告。

（5）呼吸受阻的急救：

如果胸部受伤出现呼吸障碍，维护胸腔压力与外界大气压的压力差，是保障呼吸能够顺畅的关键。具体方法：

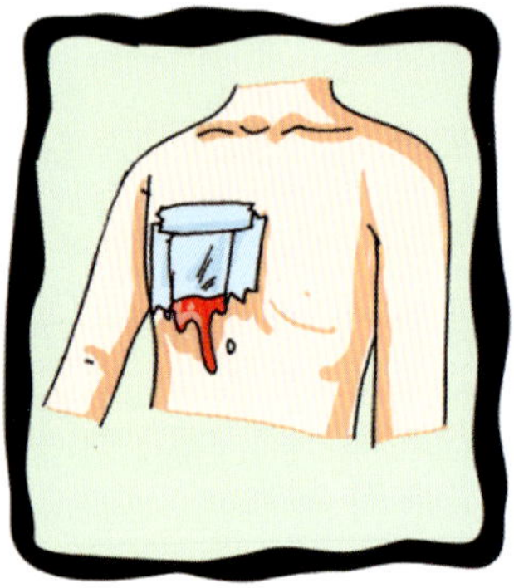

①可使用身份证或其他非吸水性卡片贴住身体压住伤口；

②也可以使用保鲜膜类的薄膜，撕下约 20×20cm 大小，贴住伤口，用胶带固定住上、左、右三个边，留出下方，以便让伤口留出的血水排出；

③还可以张开手掌紧贴身体压住伤口。

（6）腹部受伤的急救：

①止血，如果是闭合性伤口，应及时压住伤口，进行止血；

②保鲜，如果是开放性伤口，小肠外露时，应用水打湿上衣，包住小肠，不使其外露于空气中，避免加重感染，导致失水干燥坏死。千万不要把被污染的内脏回填腹腔，这样会使内脏在腹腔内相互感染，产生粘连，加速内脏坏死；

③等待救援，受伤后尽量不移动，采取平躺姿势等待救援。

（7）心肺复苏：

①一拍、二按、三呼救。抢救者将伤员仰卧，立即拍打其双肩并呼叫，也可以同时压人中穴并呼叫。如没有反应，判定此人神志丧失。

②心脏按压。一旦发现伤者心脏停跳，就需要按照先心脏按压 30 次—开放气道—人工呼吸 2 次的步骤反复操作进行心肺复苏，按压具体方法如下：

a. 部位：暴露按压部位，在胸骨中、下 1/3 交界处（成年男性可快速定位于两乳头连线中点的胸骨处）；

b. 姿势：先让伤者仰卧，背部垫上一块硬木板，或者将伤者连同床褥移动到地上，救助者跪在伤者身旁，双手叠加，十指相扣，以下方一手掌根部接触按压部位，双臂位于患者胸骨的正上方，双肘关节伸直；以髋关节为支点，身体重量垂直下压，压力均匀，不可冲击式按压，抬起时手掌根不能离开按压位置；按压时观察伤者面部反应；

c. 按压频率至少 100 次 / 分。按压时不可用力过大或部位不当，以免引起肋骨骨折。心脏按压如不能有效进行气体交换，则要同时配合人工呼吸；

d. 按压深度 5cm 以上，每次按压后胸廓完全弹回，保证按压抬起时间基本相等。

③开放气道。观察伤者嘴和咽喉中是否有异物，并设法排除，抬下颏使呼吸道畅通无阻。

④人工呼吸。常用的人工呼吸方法主要有口对口人工呼吸、口对鼻人工呼吸、仰卧压胸法或俯卧压胸法人工呼

吸等。其中，以口对口人工呼吸最有效。

口诀是：头部后仰向后推，紧托下颏向上提。深吸口气嘴对嘴，有时需要嘴对鼻。注意捏鼻把气吹，每分钟16 ~ 18次。

心脏按压与人工通气比率：30 ∶ 2。

30. 公共场所有哪些“保护神”

公共场所一般都有完善的防火、灭火设施和紧急出口：

（1）报警开关。在公共场所，均有红底黄字的“报警开关”标志，箭头指向位置即按钮位置，下推为报警电话。

（2）灭火器。走廊配有干粉灭火器箱，上面贴有红色“灭火器”标志。

（3）安全出口。楼层内设有事故照明灯，可见清晰的“安全出口”标志。

（4）消防设施。在走廊或者楼梯有消防栓，附近配有消防带。

切记：处在陌生的环境时，如入住酒店、去商场购物、进入娱乐场所时，务必留心疏散通道、灭火设施和紧急出口及楼梯方位等，以便关键时刻能尽快逃离现场。

六、相关法律

1.《中华人民共和国国家安全法》（节选）

第二十八条　国家反对一切形式的恐怖主义和极端主义，加强防范和处置恐怖主义的能力建设，依法开展情报、调查、防范、处置以及资金监管等工作，依法取缔恐怖活动组织和严厉惩治暴力恐怖活动。

2.《中华人民共和国反恐怖主义法》（节选）

第三条　本法所称恐怖主义，是指通过暴力、破坏、恐吓等手段，制造社会恐慌、危害公共安全、侵犯人身财产，或者胁迫国家机关、国际组织，以实现其政治、意识形态等目的的主张和行为。

本法所称恐怖活动，是指恐怖主义性质的下列行为：

（一）组织、策划、准备实施、实施造成或者意图造成人员伤亡、重大财产损失、公共设施损坏、社会秩序混乱等严重社会危害的活动的；

（二）宣扬恐怖主义，煽动实施恐怖活动，或者非法持有宣扬恐怖主义的物品，强制他人在公共场所穿戴宣扬恐怖主义的服饰、标志的；

（三）组织、领导、参加恐怖活动组织的；

（四）为恐怖活动组织、恐怖活动人员、实施恐怖活动或者恐怖活动培训提供信息、资金、物资、劳务、技术、场所等支持、协助、便利的；

（五）其他恐怖活动。

第二十条　铁路、公路、水上、航空的货运和邮政、快递等物流运营单位应当实行安全查验制度，对客户身份进行查验，依照规定对运输、寄递物品进行安全检查或者开封验视。对禁止运输、寄递，存在重大安全隐患，或者客户拒绝安全查验的物品，不得运输、寄递。

前款规定的物流运营单位，应当实行运输、寄递客户身份、物品信息登记制度。

第二十一条　电信、互联网、金融、住宿、长途客运、机动车租赁等业务经营者、服务提供者，应当对客户身份进行查验。对身份不明或者拒绝身份查验的，不得提供服务。

第二十二条　生产和进口单位应当依照规定对枪支等武器、弹药、管制器具、危险化学品、民用爆炸物品、核与放射物品作出电子追踪标识，对民用爆炸物品添加安检示踪标识物。

运输单位应当依照规定对运营中的危险化学品、民用爆炸物品、核与放射物品的运输工具通过定位系统实行监控。

有关单位应当依照规定对传染病病原体等物质实行严格的监督管理，严密防范传染病病原体等物质扩散或者流入非法渠道。

对管制器具、危险化学品、民用爆炸物品，国务院有关主管部门或者省级人民政府根据需要，在特定区域、特定时间，可以决定对生产、进出口、运输、销售、使用、报废实施管制，可以禁止使用现金、实物进行交易或者对交易活动作出其他限制。

第三十四条　大型活动承办单位以及重点目标的管理单位应当依照规定，对进入大型活动场所、机场、火车站、码头、城市轨道交通站、公路长途客运站、口岸等重点目标的人员、物品和交通工具进行安全检查。发现违禁品和管制物品，应当予以扣留并立即向公安机关报告；发现涉嫌违法犯罪人员，应当立即向公安机关报告。

第三十五条　对航空器、列车、船舶、城市轨道车辆、公共电汽车等公共交通运输工具，营运单位应当依照规定配备安保人员和相应设备、设施，加强安全检查和保卫工作。

第三十七条　飞行管制、民用航空、公安等主管部门应当按照职责分工，加强空域、航空器和飞行活动管理，严密防范针对航空器或者利用飞行活动实施的恐怖活动。

第七十九条　组织、策划、准备实施、实施恐怖活动，宣扬恐怖主义，煽动实施恐怖活动，非法持有宣扬恐怖主义的物品，强制他人在公共场所穿戴宣扬恐怖主义的服饰、标志，组织、领导、参加恐怖活动组织，为恐怖活动组织、恐怖活动人员、实施恐怖活动或者恐怖活动培训提供帮助的，依法追究刑事责任。

第八十条　参与下列活动之一，情节轻微，尚不构成犯罪的，由公安机关处十日以上十五日以下拘留，可以并处一万元以下罚款：

（一）宣扬恐怖主义、极端主义或者煽动实施恐怖活动、极端主义活动的；

（二）制作、传播、非法持有宣扬恐怖主义、极端主义的物品的；

（三）强制他人在公共场所穿戴宣扬恐怖主义、极端主义的服饰、标志的；

（四）为宣扬恐怖主义、极端主义或者实施恐怖主义、极端主义活动提供信息、资金、物资、劳务、技术、场所等支持、协助、便利的。

第八十一条　利用极端主义，实施下列行为之一，情节轻微，尚不构成犯罪的，由公安机关处五日以上十五日以下拘留，可以并处一万元以下罚款：

（一）强迫他人参加宗教活动，或者强迫他人向宗教活动场所、宗教教职人员提供财物或者劳务的；

（二）以恐吓、骚扰等方式驱赶其他民族或者有其他信仰的人员离开居住地的；

（三）以恐吓、骚扰等方式干涉他人与其他民族或者有其他信仰的人员交往、共同生活的；

（四）以恐吓、骚扰等方式干涉他人生活习俗、方式和生产经营的；

（五）阻碍国家机关工作人员依法执行职务的；

（六）歪曲、诋毁国家政策、法律、行政法规，煽动、教唆抵制人民政府依法管理的；

（七）煽动、胁迫群众损毁或者故意损毁居民身份证、户口簿等国家法定证件以及人民币的；

（八）煽动、胁迫他人以宗教仪式取代结婚、离婚登记的；

（九）煽动、胁迫未成年人不接受义务教育的；

（十）其他利用极端主义破坏国家法律制度实施的。

第八十二条　明知他人有恐怖活动犯罪、极端主义犯罪行为，窝藏、包庇，情节轻微，尚不构成犯罪的，或者在司法机关向其调查有关情况、收集有关证据时，拒绝提供的，由公安机关处十日以上十五日以下拘留，可以并处一万元以下罚款。

第九十条　新闻媒体等单位编造、传播虚假恐怖事件信息，报道、传播可能引起模仿的恐怖活动的实施细节，发布恐怖事件中残忍、不人道的场景，或者未经批准，报道、传播现场应对处置的工作人员、人质身份信息和应对处置行动情况的，由公安机关处二十万元以下罚款，并对其直接负责的主管人员和其他直接责任人员，处五日以上十五日以下拘留，可以并处五万元以下罚款。

个人有前款规定行为的，由公安机关处五日以上十五日以下拘留，可以并处一万元以下罚款。

第九十一条　拒不配合有关部门开展反恐怖主义安全防范、情报信息、调查、应对处置工作的，由主管部门处二千元以下罚款；造成严重后果的，处五日以上十五日以下拘留，可以并处一万元以下罚款。

单位有前款规定行为的，由主管部门处五万元以下罚款；造成严重后果的，处十万元以下罚款；并对其直接负责的主管人员和其他直接责任人员依照前款规定处罚。

第九十二条　阻碍有关部门开展反恐怖主义工作的，由公安机关处五日以上十五日以下拘留，可以并处五万元以下罚款。

单位有前款规定行为的，由公安机关处二十万元以下罚款，并对其直接负责的主管人员和其他直接责任人员依照前款规定处罚。

3.《中华人民共和国刑法》（节选）

第一百二十条　【组织、领导、参加恐怖组织罪】

组织、领导恐怖活动组织的，处十年以上有期徒刑或者无期徒刑，并处没收财产；积极参加的，处三年以上十年以下有期徒刑，并处罚金；其他参加的，处三年以下有期徒刑、拘役、管制或者剥夺政治权利，可以并处罚金。

犯前款罪并实施杀人、爆炸、绑架等犯罪的，依照数罪并罚的规定处罚。

第一百二十条之一 【帮助恐怖活动罪】

资助恐怖活动组织、实施恐怖活动的个人的，或者资助恐怖活动培训的，处五年以下有期徒刑、拘役、管制或者剥夺政治权利，并处罚金；情节严重的，处五年以上有期徒刑，并处罚金或者没收财产。

为恐怖活动组织、实施恐怖活动或者恐怖活动培训招募、运送人员的，依照前款的规定处罚。

单位犯前两款罪的，对单位判处罚金，并对其直接负责的主管人员和其他直接责任人员，依照第一款的规定处罚。

第一百二十条之二 【准备实施恐怖活动罪】

有下列情形之一的，处五年以下有期徒刑、拘役、管制或者剥夺政治权利，并处罚金；情节严重的，处五年以上有期徒刑，并处罚金或者没收财产：

（一）为实施恐怖活动准备凶器、危险物品或者其他工具的；

（二）组织恐怖活动培训或者积极参加恐怖活动培训的；

（三）为实施恐怖活动与境外恐怖活动组织或者人员联络的；

（四）为实施恐怖活动进行策划或者其他准备的。

有前款行为，同时构成其他犯罪的，依照处罚较重的规定定罪处罚。

第一百二十条之三 【宣扬恐怖主义、极端主义、煽

动实施恐怖活动罪】

以制作、散发宣扬恐怖主义、极端主义的图书、音频视频资料或者其他物品，或者通过讲授、发布信息等方式宣扬恐怖主义、极端主义的，或者煽动实施恐怖活动的，处五年以下有期徒刑、拘役、管制或者剥夺政治权利，并处罚金；情节严重的，处五年以上有期徒刑，并处罚金或者没收财产。

第一百二十条之四　【利用极端主义破坏法律实施罪】

利用极端主义煽动、胁迫群众破坏国家法律确立的婚姻、司法、教育、社会管理等制度实施的，处三年以下有期徒刑、拘役或者管制，并处罚金；情节严重的，处三年以上七年以下有期徒刑，并处罚金；情节特别严重的，处七年以上有期徒刑，并处罚金或者没收财产。

第一百二十条之五　【强制穿戴宣扬恐怖主义、极端主义服饰、标志罪】

以暴力、胁迫等方式强制他人在公共场所穿着、佩戴宣扬恐怖主义、极端主义服饰、标志的，处三年以下有期徒刑、拘役或者管制，并处罚金。

第一百二十条之六　【非法持有宣扬恐怖主义、极端主义物品罪】

明知是宣扬恐怖主义、极端主义的图书、音频视频资料或者其他物品而非法持有，情节严重的，处三年以下有期徒刑、拘役或者管制，并处或者单处罚金。

第二百九十一条之一　【投放虚假危险物质罪】【编造、

故意传播虚假恐怖信息罪】

投放虚假的爆炸性、毒害性、放射性、传染病病原体等物质，或者编造爆炸威胁、生化威胁、放射威胁等恐怖信息，或者明知是编造的恐怖信息而故意传播，严重扰乱社会秩序的，处五年以下有期徒刑、拘役或者管制；造成严重后果的，处五年以上有期徒刑。

第三百一十一条 【拒绝提供间谍犯罪、恐怖主义犯罪、极端主义犯罪证据罪】

明知他人有间谍犯罪或者恐怖主义、极端主义犯罪行为，在司法机关向其调查有关情况、收集有关证据时，拒绝提供，情节严重的，处三年以下有期徒刑、拘役或者管制。